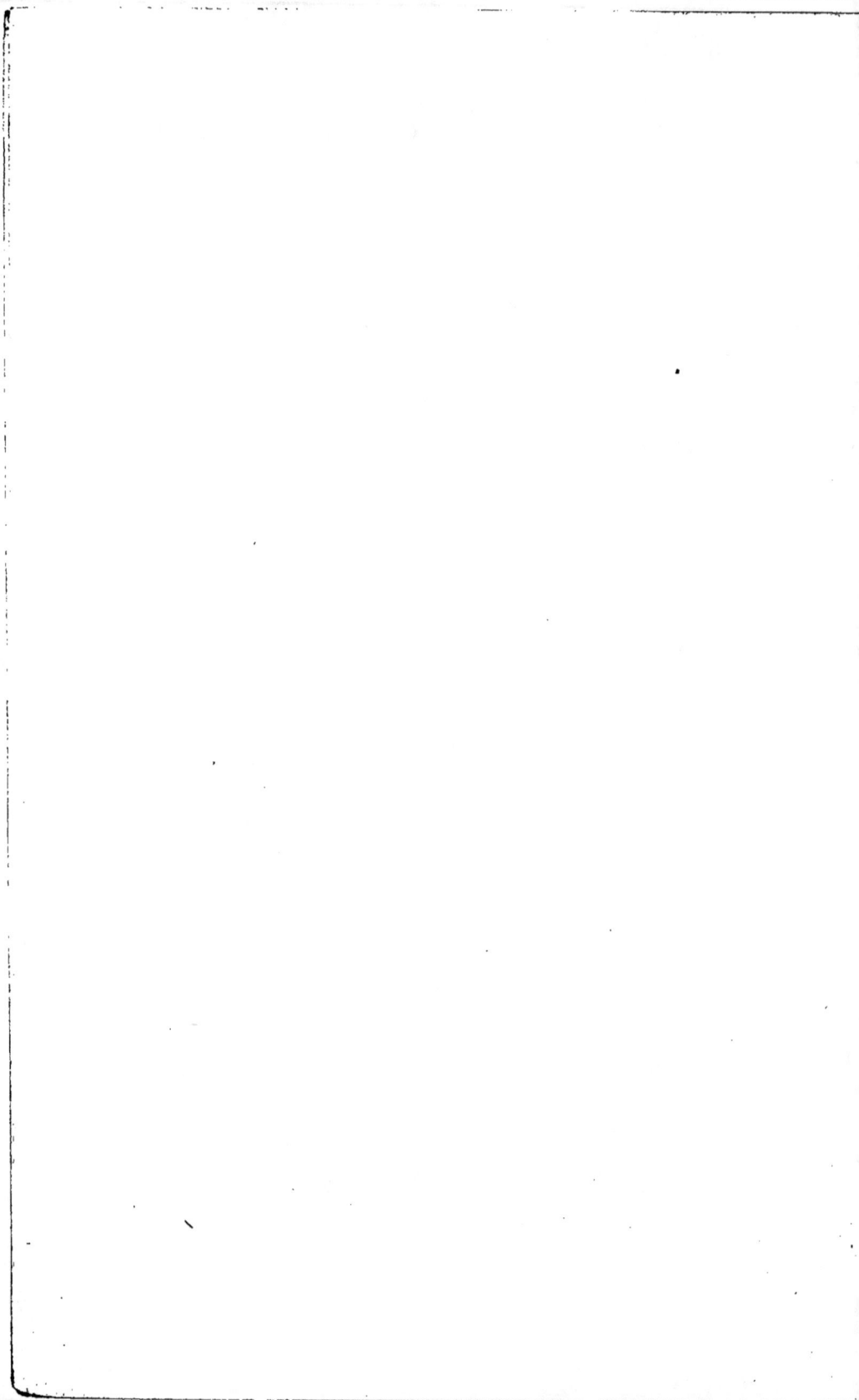

AMBULANCE
DE L'ASSOCIATION POLYTECHNIQUE

SÉANCE TENUE LE JEUDI 10 NOVEMBRE 1870

AU PALAIS DE L'ÉLYSÉE

*Sous la présidence de M. DUMAS, Secrétaire perpétuel de l'Académie des sciences
Président de l'Association,
assisté de MM. LARABIT, ancien député de l'Yonne, Président d'honneur.
et le Comte SÉRURIER, Vice-Président
de la Société internationale pour les blessés et de l'Association polytechnique.*

RAPPORT

FAIT PAR

E. MENU DE SAINT-MESMIN

Secrétaire général de l'Association Polytechnique.

PARIS

IMPRIMERIE CENTRALE DES CHEMINS DE FER

A. CHAIX ET Cie

RUE BERGÈRE, 20, PRÈS DU BOULEVARD MONTMARTRE

1870

AMBULANCE

DE L'ASSOCIATION POLYTECHNIQUE

———·· ✕ ··———

RAPPORT

FAIT PAR

E. MENU DE SAINT-MESMIN

Secrétaire général de l'Association Polytechnique

———· ››✕‹‹ ·———

Mesdames, Messieurs, mes chers Collègues,

Bien que nos lettres de convocation vous soient arrivées très-tard, et qu'elles vous aient pris en quelque sorte à l'improviste ; malgré les poignantes préoccupations du moment, vous répondez à notre appel avec un affectueux empressement, nous donnant ainsi une preuve nouvelle de toute votre sympathie. Permettez-moi de vous dire combien cet empressement nous touche et de vous offrir d'abord l'expression de nos remerciements.

Vous avez bien voulu vous intéresser à l'ambulance que l'Association polytechnique a fondée dans le XVIe arrondissement. Nous vous devons compte, de notre côté, des efforts que nous avons faits pour demeurer dignes de votre intérêt et de votre confiance, et je viens vous indiquer, en même temps que la pensée qui a présidé à cette création, les dévouements qui se sont immédiatement groupés autour d'elle, les dispositions que nous

avons prises, et, Dieu aidant, le bien qu'il nous a été
donné de pouvoir faire.

L'heure est déjà avancée ; vos instants sont précieux ;
je me bornerai à une esquisse rapide.

Vous savez le but que poursuit l'Association polytechnique. Depuis 40 ans, dans tous les quartiers de Paris,
surtout dans les quartiers populeux, elle ouvre à tout
venant ses amphithéâtres où se pressent chaque année
plus de vingt mille ouvriers, et se fait gratuitement
l'*Institutrice du peuple*.

Nos revers, l'ennemi à nos portes, nos douleurs publi-
ques, nos misères privées, tant de tristes causes nous
condamnant à différer l'ouverture de nos cours et le com-
mencement de nos travaux habituels, nous avons voulu
répondre à la pensée des créateurs de cette institution,
en consacrant au soulagement des victimes de la guerre
les heures que nous ne pouvons plus donner à l'enseigne-
ment. Forts de votre concours, nous avons organisé une
ambulance sous les auspices d'une Association dont les
fondateurs, s'ils vivaient encore, auraient certainement pris
l'initiative ; car ils nous ont laissé leurs traditions, ces
savants maîtres qui, eux aussi, ont connu les désastres
du pays et dont nous retrouvons les traces glorieuses
dans les souvenirs néfastes de 1814 et de 1815.

Assurés de répondre à leurs vues en ouvrant un asile
à nos soldats blessés, nous n'avons plus songé qu'à une
chose, planter, le plus tôt et le mieux possible, le drapeau
de notre ambulance.

La partie sud-ouest de l'enceinte fortifiée paraissait très-
menacée. Nos regards se tournèrent naturellement de ce côté.
Comme nous voulions fonder une ambulance à poste fixe,
il fallait être assez près des points menacés pour porter
de prompts secours, et assez loin, cependant, pour que
notre asile ne fût pas trop exposé aux coups de l'ennemi ;
on croyait alors à un bombardement. Passy nous parut

remplir ces conditions, et, suivant les indications de notre
humble stratégie, nous allâmes explorer les lieux où notre
présence nous semblait nécessaire.

Le Ciel vient évidemment en aide aux hommes de bonne
volonté. Tandis que nous cherchions une installation conve-
nable, un honorable habitant de Passy, M. de Pradou, met-
tait la maison que nous occupons aujourd'hui à la disposition
d'une société de bienfaisance. Notre savant ami, Henri
Martin, nous en fit part; il nous servit d'intermédiaire et
de trait-d'union, et nous entrâmes en possession de notre
petit hôtel de la rue de la Pompe, où nous avons reçu (je
suis heureux de pouvoir rendre ici ce témoignage à notre
hôte et à notre gracieuse hôtesse) l'accueil le plus em-
pressé, le plus bienveillant, le plus généreux.

La maison qu'on nous offrait était parfaitement appro-
priée à nos vues : deux corps de bâtiments distincts, un
jardin, et, ce que nous regardons comme une disposition
favorable, des chambres séparées pour recevoir nos blessés,
car nous ne sommes pas partisans des grandes infirmeries
que Cabanis appelait des *magasins d'air empesté ;* nous
préférons notre régime, qui rappelle celui du foyer domes-
tique, au système de la caserne appliqué aux malades et
aux blessés.

C'était à la fin de septembre. Nous n'avions pas une
minute à perdre. Le canon tonnait autour de Paris. Nous
nous mîmes à l'œuvre. L'argent est le nerf des ambulances,
comme il est le nerf de la guerre. Une liste de souscrip-
tions fut ouverte. Notre illustre Président, M. Dumas, s'y
inscrivit; un certain nombre de nos collègues nous en-
voyèrent leurs offrandes dans la mesure de leurs moyens
(les professeurs ne sont généralement pas riches); — les
membres de notre Comité de patronage présents à Paris
nous vinrent en aide; — quelques-uns de nos amis du
Comité consultatif se joignirent à eux, et, ce qui nous
inspire une vive gratitude, des personnes bienfaisantes,

frappées de nos efforts et (pourquoi n'en ferais-je pas ici l'aveu?) de nos premiers embarras, s'associèrent à nous et nous apportèrent un précieux renfort.

Je croirais manquer à un devoir, si je ne vous faisais connaître les noms de nos collègues, de nos patrons, de nos amis, qui nous ont, dans les heures critiques de nos débuts, ouvert leur bourse ou prêté leur concours et leur crédit. C'est un bien faible à-compte que leur offre ici notre reconnaissance.

A peine la Presse, qui nous avait accueillis avec bienveillance, eut-elle annoncé la prochaine ouverture de notre ambulance, qu'un de nos anciens élèves, un ouvrier devenu, par la puissance de son travail et de son intelligence, un des plus habiles constructeurs français, le célèbre électricien que nos savants appellent leur confrère et sur la poitrine duquel brille le signe de l'honneur, Ruhmkorff, nous fit parvenir les cent premiers francs que nous ayons reçus.

Ce souvenir nous a sans doute porté bonheur, car la liste de nos souscripteurs s'est rapidement accrue. — J'y trouve les noms de nos éminents patrons :

MM. Larabit, président d'honneur de l'Association polytechnique, Elie de Beaumont, Ménier, Varin et Devinck ;

J'y trouve les noms de nos collègues :

Le comte Sérurier, Marguerin, Alfred Birmann, Bauderon de Vermeron, Félix Hément, Théodore Lelong (1), Davanne, Berger, Bresson, Chrétien, Scott, Audoüyer, Vincent, Périer, Navay, Darrimon, Fargues de Taschereau, Miquel, Mathon, Ducomet, Henrion ; et de nos braves agents Enis et Poussard.

Vous me pardonnerez cette énumération, mais il n'y a

---

(1) M. Th. Lelong, Directeur de la blanchisserie de Courcelles, blanchit gratuitement le linge de l'ambulance et contribue ainsi, dans une large part, à cette exquise propreté qui est pour beaucoup dans la guérison.

pas de liste trop longue, quand il s'agit de proclamer les noms des hommes de bien.

Notre œuvre nous a valu aussi le généreux appui de :

MM. Melon de Pradou, Hibert, Edgar Courtois, le duc de Montebello, le curé de Vincennes, Salmon, Moure, Fèvre, Charles Lombard, Landron, Delafontaine, Duméril, le général comte Krosnowski, Alphonse de Rothschild, l'abbé Vincenti, Jules Lemaire, Passageon, Cauchemez, Grout, Lebreton, Millet, Frédéric de la Croix, Edouard Arthus, etc., etc.

La jeune et vaillante École polytechnique ne voulut pas rester étrangère à l'œuvre fondée par ses anciens. Le lieutenant d'artillerie Villemer vint nous offrir une première collecte qui a pour nous une grande valeur, car elle a été faite au fort de Nogent, sous le feu de l'ennemi (1).

Enfin la Société internationale pour les blessés, qui nous donne ce soir une si cordiale hospitalité et qui a à sa tête un de nos vice-présidents, nous a toujours témoigné beaucoup de bienveillance et une estime efficace. Du reste, on est toujours sûr de rencontrer le nom de M. le comte Sérurier, quand il y a une bonne action à faire.

Vous ne serez pas étonnés d'apprendre que nous n'avons pas seulement trouvé des amis et des protecteurs, mais que nous avons aussi nos bienfaitrices (les femmes excellent dans la charité!) C'est ainsi que je dois vous nommer nos coopératrices :

Mesdames de Pradou, Louise Birmann, la baronne de Monville, de La Vaux, Lombard, Fernaux, Dumaine, Quénot, la comtesse de Martiguy, Préterre, d'Alton Shée, Monny de Mornay, Iweyns d'Hennin, Le Cesne Guillot, née de Lesseps, Lemaire (d'Herblay), Paula de la Croix, Barré, Bauderon de Vermeron, Bal, Abric, Gart, Hamel, Le Mon-

---

(1) Le lieutenant Poulet nous fait parvenir à l'instant le produit d'une seconde collecte.

tréer, Izoird, Robin, Grandin, Scelle, Bourdin, Tantenstein, L. Pierson, Grout, Céline Capet, Thérèse Gamachot, Victorine Laurent, et, si vous me permettez d'ajouter encore un nom à cette liste déjà bien longue, Mme de Saint-Mesmin, ma bonne et tendre mère.

Grâce à tous ces dévouements, quelques jours s'étaient à peine écoulés que nous mettions vingt-cinq lits et tout un matériel à la disposition de la Société internationale et de l'Intendance. Notre personnel et nos services étaient prêts à entrer en fonctions.

Le service chirurgical fut confié aux docteurs Paul Horteloup, chirurgien des hôpitaux, notre habile et savant collègue; Charpentier, ex-chef des cliniques de la Faculté, et Blain des Cormiers, à qui nous devons de sincères remerciements pour les soins qu'il a donnés à nos premiers malades.

Le service médical fut donné au docteur Lemaire, qui, chassé d'Herblay, paie noblement, en se consacrant à nos blessés, l'hospitalité parisienne; au docteur Couttard et à mon ami Desplats, agrégé de la faculté de médecine.

M. le baron Mundy et le docteur Despaulx-Ader, dont tout le monde connaît la science et le dévouement, et avec qui notre digne vice-président, M. le comte Sérurier, vient de nous mettre en relation, veulent bien aussi nous promettre leur précieux concours.

Un pharmacien fort instruit, chassé aussi de son pays, M. Lécuyer, se mit d'une manière continue au service de notre ambulance, et un dentiste expérimenté, M. Préterre, nous offrit son ministère pour certains cas spéciaux; enfin, 12 infirmiers et infirmières, ouvriers, professeurs, artistes, femmes du monde, ouvrières, vinrent de toutes parts nous assister au lit des malades, donnant ainsi l'exemple de la bonne et saine égalité, celle qui nivelle tous les dévouements dans une commune pensée de bienfaisance publique.

Consolant spectacle, au milieu de nos malheurs, que cet ensemble de bonnes volontés, animées du même souffle, réunies par l'égalité des sentiments généreux, et se trouvant trop récompensées par le témoignage de la conscience.

La direction de notre ambulance fut confiée à M. Alfred Birmann, dont nous ne saurions trop louer le zèle et l'intelligence, et aussi, car des soins maternels sont indispensables dans une institution de ce genre, à Mme Louise Birmann, à laquelle nous n'avons qu'un reproche à faire, celui d'écouter trop son cœur et de ne pas se ménager assez.

Il ne nous manquait plus que.... des blessés ; — et plût à Dieu qu'ils nous eussent manqué toujours !

C'était l'époque où eurent lieu les combats de Bagneux, de Clamart et de Châtillon... Le soir du 13 octobre, la voiture de l'ambulance ne revint pas vide. Elle nous ramenait trois jeunes soldats :

Louis Garnier, engagé volontaire dans le 42e de ligne ;

Alexandre Frincenet, garde mobile au 2e bataillon de l'Aube ;

Et Louis Jollain, engagé volontaire dans le 67e de ligne, devenu 14e de marche.

Garnier souffrait d'un rhumatisme dont un peu de repos et des soins auront promptement raison.

Frincenet avait reçu un coup de feu dans les reins. Son ceinturon avait heureusement amorti le projectile, et, au bout de quelques jours, il nous demandait lui-même à rejoindre ses camarades.

Jollain avait eu la cuisse traversée par une balle. Après de légers accidents auxquels a mis fin le bistouri discret du Dr Horteloup (la discrétion est la grande vertu du bistouri), sa blessure est en voie de guérison. Il désobéit quelquefois aux ordres du médecin, ce qui est bon signe, et il peut, avec des béquilles, venir s'asseoir au coin du feu. — C'est un jeune homme fort instruit, qui avait quitté l'École Centrale pour le Crédit foncier, et le Crédit foncier... pour la défense de la Patrie.

Ces trois soldats, les premiers que notre ambulance ait recueillis elle-même, sur le champ de bataille, n'étaient pas nos premiers hôtes ; cinq malades les avaient précédés :

Martin, du 1er bataillon de la garde mobile de la Marne, et Pomanger, du même bataillon, — tous deux atteints de la petite vérole et transportés, d'après les conseils de nos médecins, à l'ambulance spéciale de M. Nicassel ;

Briquet, du même bataillon, et Gougé, du 26e de marche ; tous deux atteints d'embarras gastrique, tous deux guéris ;

Et Labctoulle, sapeur du génie auxiliaire, tombé d'une maison qu'il avait reçu l'ordre de démolir. Il a quitté la hache pour le mousquet, et vient de s'engager, ce qui est un bon certificat, dans un corps appelé (tout est permis en temps de guerre) « les mangeurs de uhlans ».

La garde mobile nous a aussi envoyé trois autres de ses enfants :

Bahcy, du 5e bataillon du Morbihan, atteint d'un coup de feu à la cuisse, — aujourd'hui en voie de guérison ;

Berthois, sergent dans le 3e bataillon d'Ille-et-Vilaine, souffrant de douleurs rhumatismales prises sous la tente et d'une fracture du pied ; — en convalescence ;

Et Noël, son camarade et son compatriote, maintenant retourné à son poste.

J'arrive à la journée du 21 octobre, à l'affaire de la Malmaison.

Cinq blessés nous furent envoyés à la suite de cette affaire. Deux avaient eu la cuisse traversée par une balle : Paul Combe, clairon au 9e chasseurs, et Tissolong, soldat du 25e de marche.

Ce genre de blessure en séton est très-fréquent et se complique souvent de fusées de sang décomposé dont il

importe d'arrêter la marche. C'est ce qui est arrivé pour
ces deux blessés, dont l'état ne nous donne plus aucune
inquiétude.

Le troisième, Emonot, atteint d'un coup de feu à l'épaule,
n'a plus qu'un peu de patience à prendre pour aller revoir
les Prussiens, ce qui est son rêve.

Quant aux deux autres, leurs blessures étaient extrême-
ment graves :

Faussard avait reçu à la tête une balle qui, entamant
la tablette externe du frontal était allée se loger dans le
passage osseux formé au bas de la tempe par l'os de la
pommette et le temporal, dans l'arcade zygomatique, et,
toute déformée, y était restée fortement engagée. L'extrac-
tion était indispensable. Le Dr Horteloup se tira de cette
rude opération, comme de tout ce qu'il fait, avec beaucoup
de sang-froid et d'habileté. Tout semblait aller pour le
mieux et nous aurions presque répondu de notre malade...
Le ciel en avait autrement ordonné. M. Birmann m'apprend
à l'instant que notre pauvre blessé, que j'avais encore vu
dans la journée et qui ne m'avait pas paru trop mal
(j'étais aveuglé sans doute par mon désir de le sauver),
vient de succomber...

Enfin, le dernier, Théodore Poitiers, clairon au 9e chasseurs, avait eu le bras gauche réduit, par un boulet, en
bouillie sanglante. L'amputation a été faite au-dessus du
coude, et, malgré la gravité de la blessure et de l'opération,
rien n'est désespéré. — Poitiers est, du reste, un soldat
d'une trempe vigoureuse. Le jour de l'opération, comme
nous prenions des précautions pour le préparer à s'y sou-
mettre, il nous répondit : « Je m'y attendais bien ; je suis
prêt ; ne suis-je pas soldat? Si le boulet s'était chargé,
sur le coup, de l'amputation, j'aurais rapporté mon bras
brisé dans ma bonne main, mais le boulet a mal fait sa
besogne... J'ai cependant une inquiétude, ajoutait-il :
mon vieux père est au village ; il est cultivateur ; j'espé-

rais l'aider dans ses vieux jours, et il faut avoir ses deux bras pour bêcher la terre... »

Le pays sait payer les dettes qu'il contracte envers ses défenseurs : Théodore Poitiers vient d'être proposé pour la Croix.

En somme, les résultats obtenus dans notre ambulance sont aussi satisfaisants que possible.

Cela tient à l'excellence de notre service chirurgical et médical; cela tient aussi aux bonnes dispositions de notre installation ; cela tient enfin aux soins maternels que prodiguent à leurs chers blessés nos dames infirmières, qui savent ajouter aux ressources de l'hygiène, de la médecine et de la chirurgie leur incomparable *médecine morale*. Le cœur a plus de part qu'on ne pense à la guérison, disait récemment un écrivain... Cela est si vrai que nos blessés croient tout possible à la douce charité de nos infirmières volontaires, dont la tâche est aussi sublime que modeste.

Pourquoi faut-il qu'ayant sauvé presque tous nos malades, nous n'ayons pu sauver tous ceux qui les soignaient? Un de nos infirmiers, un peintre de talent, Bauderon de Vermeron, a quitté le chevet de nos blessés, pour prendre lui-même le lit d'où il ne devait plus se relever. Nous garderons la mémoire de cet homme de bien qui, jusqu'à la dernière heure, pensait à ses malades, et s'oubliait lui-même.

Unis par de nouveaux liens, ceux de la souffrance et de la charité, continuons notre œuvre avec persévérance ; aussi bien, nous n'en sommes qu'au prologue de ce drame sinistre... Ouvrons notre bourse et nos cœurs à toutes ces infortunes; ce n'est que par l'abnégation et par le sacrifice que nous arriverons à un dénouement digne de notre grande et malheureuse patrie.

IMPRIMERIE CENTRALE DES CHEMINS DE FER. — A. CHAIX ET C, RUE BERGÈRE 20, A PARIS. — 15116-0

www.ingramcontent.com/pod-product-compliance
Lightning Source LLC
Chambersburg PA
CBHW071345290326
41933CB00040B/2429